wahllos Linien. Sie werden rasch herausfinden, wie sich der Brennstift am leichtesten handhaben läßt.

Dabei ist sofort zu beachten: kein Druck auf die Brennspitze! Sie verbiegt sich leicht und müßte dann erneuert werden.

Tiefe, Stärke und Farbe der Brennspur reguliert man durch langsameres oder schnelleres Ziehen des Brennstifts. Die Hand führt den Brennapparat leicht und locker, wie beim Schreiben oder Zeichnen. Sicher fällt am Anfang nicht jede Linie so aus, wie Sie es sich vorgestellt haben, aber nach kurzer Übung werden Sie einwandfreie Linien ziehen.

Dazu einige gute Tips:

1. Bei geraden Linien: Brennapparat flach (Abbildung links).
2. Je stärker eine Biegung, um so steiler der Brennstift (Abbildung rechts oben).
3. Bei Punkten: Brennstift senkrecht (Abbildung rechts unten).

Zusammenstoßende Linien werden von den Ecken aus gebrannt.

Will man schattieren, fährt man mit dem Stift schnell und leicht über die Fläche.

Der Brennstift mit der bleistiftartigen Spitze genügt für die meisten Arbeiten. Die anderen Spitzen verwendet man für Ornamente; dazu sind sie unentbehrlich.

Die Abbildungen auf Seite 3 zeigen, welche Formen man mit dem einzelnen Stift brennen kann. Sie werden begeistert sein, wie einfach sich dekorative Ornamente damit brennen lassen.

Die Brennstifte sind hin und wieder mit einer Drahtbürste zu reinigen.

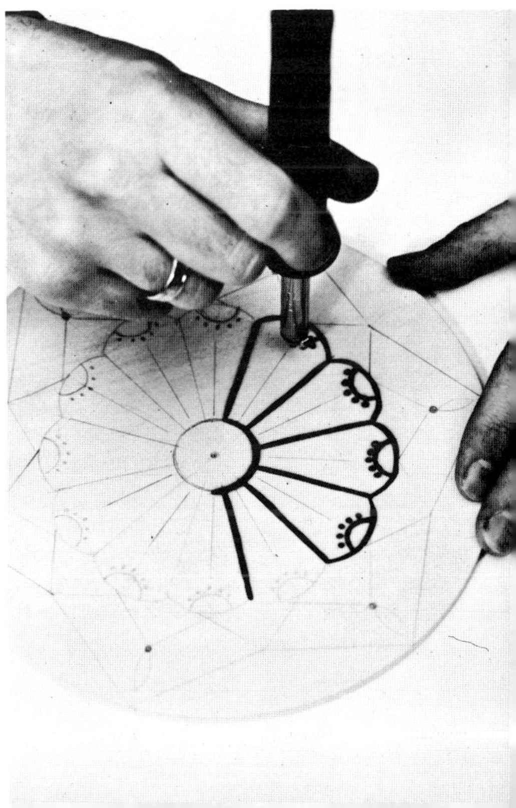

Dekorative Wandbrettchen

Solche Holzscheiben aus Pappelsperrholz, 5 mm stark, 200 mm ∅, eignen sich für den Anfänger besonders gut: das Pappelholz ist hell und weich und es läßt sich leicht brennen. Die Standard-Brennstifte sind dazu ausreichend.

Brandmalerei

nennt man die Technik des Einbrennens von Verzierungen in Holz. Diese alte Volkskunst wurde schon in frühester Zeit mit primitivem Werkzeug ausgeübt: man erhitzte Eisenstifte mit verschiedenen Profilen. Je heißer sie waren und je länger man damit brannte, um so dunkler wurden die Ornamente. Auch schon damals wurden erstaunlich schöne Ergebnisse erzielt.

Die Brandmalerei fand erst weitere Verbreitung, als um die Jahrhundertwende ein Brennapparat erfunden wurde, der mit Benzin beheizt, einen hohlen Stift glühend hielt. Damit ließen sich Ornamente erheblich leichter in die Oberfläche des Holzes brennen.

Es gibt heute elektrische Geräte, die sich leicht handhaben lassen, und die dazu erhältlichen Stempelformen erleichtern das Einbrennen von dekorativen Motiven.

Die alte Volkskunst der Brandmalerei oder Pyrogravur ist heute ein beliebtes Hobby geworden. Hier wird gezeigt, was man dabei beachten muß, um zu guten Ergebnissen zu kommen und um dauernd Spaß daran zu haben. Dabei helfen die modernen elektrischen Geräte, mit denen schon Kinder begeistert Ornamente in Holz und Leder brennen, und damit hübsche Geschenke anfertigen.

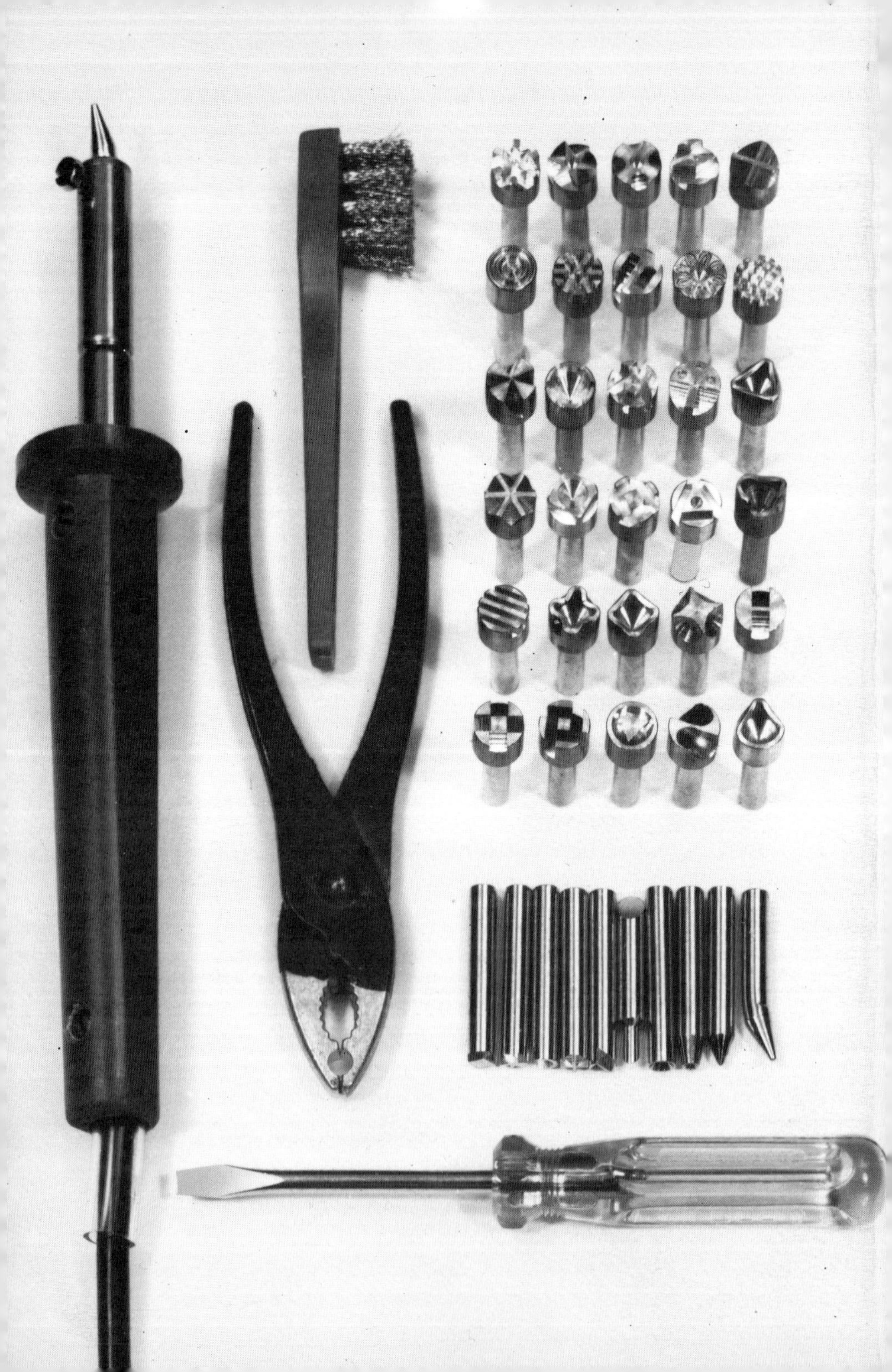

Was braucht man dazu?

Zunächst ein besonders für die Brandmalerei entwickeltes Brenngerät (220 Volt, 30 Watt), das an die normale Steckdose angeschlossen wird. Schon nach 3 bis 4 Minuten Anheizzeit ist es betriebsbereit.
Dazu gibt es Spezialbrennstifte, mit denen sich verschiedene Grundformen brennen lassen.
Erhältlich ist das Brenngerät mit allem Zubehör in Spielwaren-, Hobby- und Bastelgeschäften.

Sonstige Werkzeuge und Materialien:
Schraubenzieher, Drahtbürste, Zange, Sandpapier, Pinsel, Farbe, Lack.

Diese Werkzeuge gibt es in jedem Haushalt. Mit dem Schraubenzieher löst oder befestigt man die Brennstifte; mit der Drahtbürste werden sie gereinigt, damit der Brand gleichmäßig und einwandfrei wird.
Die Zange – Flach- oder Beißzange – bewahrt unsere Finger vor schmerzhaften Erfahrungen mit hohen Temperaturen: damit wechseln wir die Brennstifte aus.
Ein großer Vorteil ist, daß man keinen besonderen Raum braucht. Der Küchentisch genügt; wir legen darauf eine Arbeitsplatte.

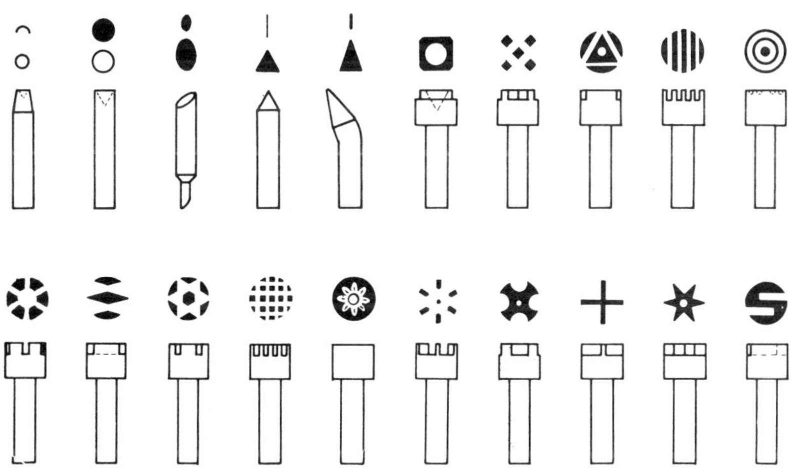

Diese Muster und viele andere können mit Brennstempelsätzen in Holz und Leder gebrannt werden

Teller aus Ahorn — als Obstschale oder als Wandschmuck geeignet.

Welches Holz eignet sich dafür?

Die Holzart trägt viel zum guten Gelingen bei. Es soll vor allem feinfaserig, hellfarben und zäh sein. Nadelhölzer mit ihren stark betonten Jahresringen lassen sich nur ungleichmäßig brennen.

Dies sind die geeignetsten Holzarten:

Lindenholz läßt sich leicht und ziemlich scharf brennen. Alle weichen Hölzer neigen dazu, daß sie bei einer zu heißen Spitze weiterkohlen und daß die gebrannten Linien ungleichmäßig verlaufen. Abhilfe: leichtes Anfeuchten des Holzes mit Wasser. Dann ist ein einwandfreier Brand möglich.

Pappelholz ist etwas grober, sonst aber wie Lindenholz.

Buchenholz läßt sich sehr gut brennen, erfordert nur langsameres Arbeiten. Die gebrannten Linien sind gleichmäßig und scharf. Der fertig gebrannte Gegenstand wirkt durch die Reinheit und Gleichmäßigkeit. Buchenholz läßt sich außerdem beizen und lackieren.

Eichenholz läßt sich etwas leichter brennen als Buchenholz. Die Konturen werden jedoch nicht so glatt; sie wirken eher etwas zackig.

Ahornholz ist eine zarte, weiße und feine Holzart. Das Brennen ist zeitraubender als bei anderen Hölzern, doch bei keinem anderen Holz wirkt die Brandmalerei so gestochen scharf. Auf alle Fälle lohnt sich der Zeitaufwand.

Auch **Leder** eignet sich zum Einbrennen von dekorativen Ornamenten. Über diese Technik erfahren Sie mehr im letzten Abschnitt.

Die Vorbereitung zum Brennen

Für die ersten Brennversuche sollte man sich eine Sperrholzplatte oder etwas Abfallholz vom Schreiner beschaffen. Nach einiger Übung kann man fertige Rohholzteile kaufen, die in großer Auswahl in Spielwaren-, Bastel- und Hobbygeschäften zu haben sind. Die Palette reicht vom Eierbecher, Kerzenhalter, Serviettenring, Kochlöffel und Teller bis zu Kleinmöbeln und Bauernschränken. Beginnen Sie mit einem kleinen Stück: etwa einer Spandose, einem Eierbecher oder Frühstücksbrettchen. Sie werden erstaunt sein, wie hübsch und dekorativ die fertige Arbeit wirkt, und wie diese selbstgeschaffenen Gegenstände die Bewunderung Ihrer Freunde finden.

So weit sind wir aber noch nicht! Zuerst müssen die Rohlinge vor dem Brennen mit feinem Sandpapier geschliffen werden, damit die gebrannten Ornamente und Linien klarer und schärfer hervortreten. Ein fertiges Stück sollte man nicht nachbehandeln, obwohl bei tiefem Brennen durch das Nachschleifen ein interessanter Effekt entstehen kann.

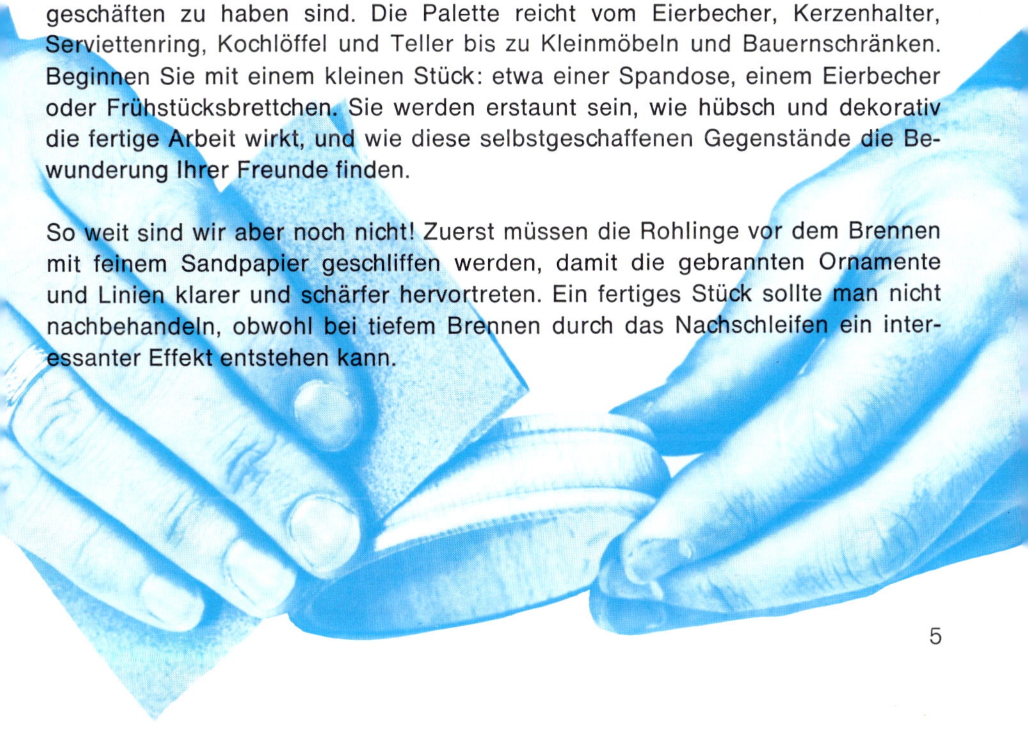

So wird gebrannt

Unser Arbeitsplatz ist vorbereitet: auf dem Tisch liegt eine Arbeitsplatte. Daneben eine Asbestplatte für die Werkzeuge.

Nun können wir beginnen. Man löst am Brenngerät die Schraube, steckt die Brennspitze bis zum Anschlag in den Schaft und zieht die kleine Schraube wieder fest. Stecker in die Steckdose. Nach 3 bis 4 Minuten ist der Stift genügend heiß. Man setzt die Spitze auf das Abfallholzbrettchen und zieht

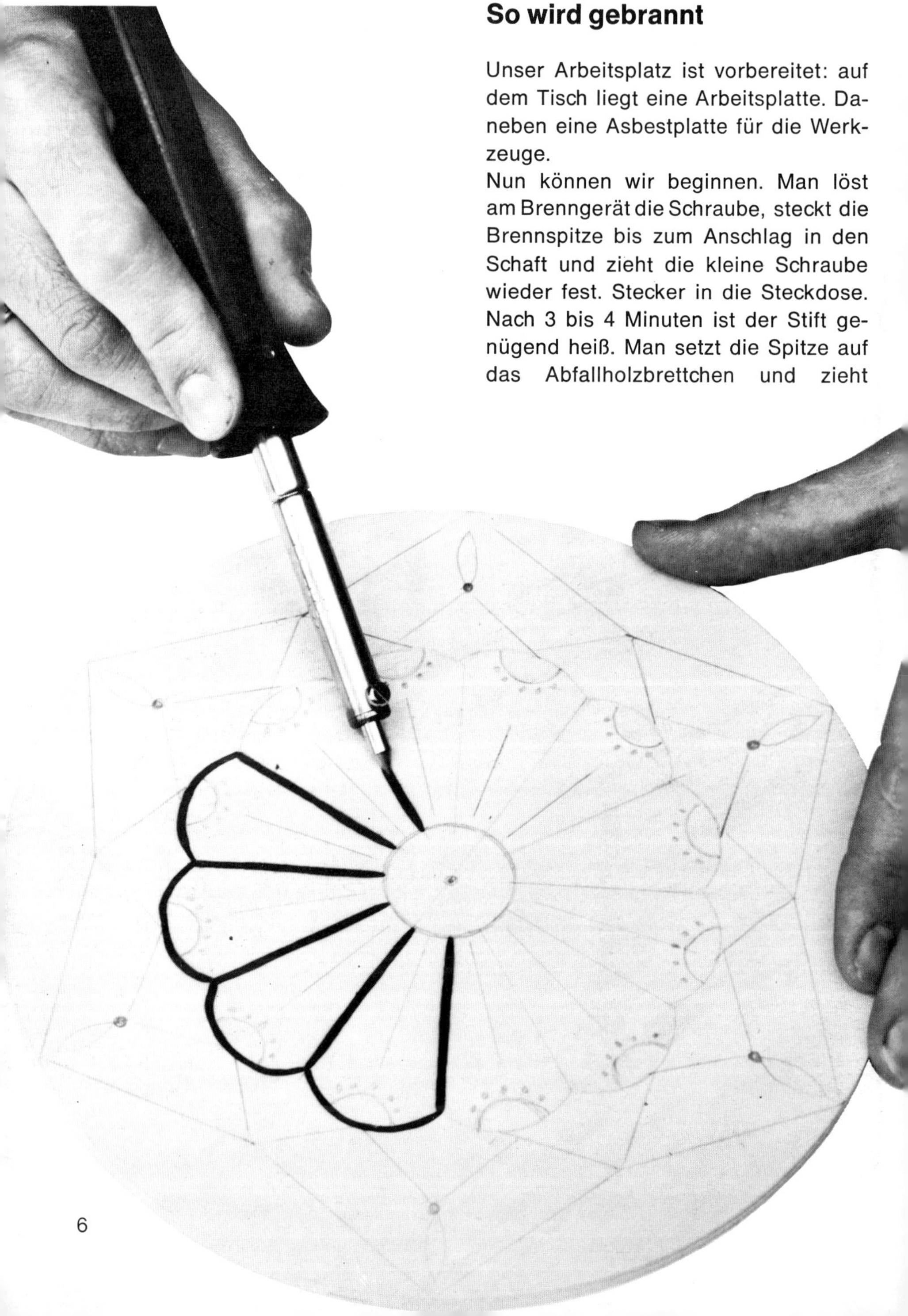

Für den Farbauftrag sind Lasurfarben vorzuziehen, damit die Holzstruktur sichtbar bleibt.
Über die Motivgestaltung erfahren Sie mehr auf Seite 12.

Hilfsmittel zur Gestaltung der Motive

Eine gebrannte Linie läßt sich schlecht wieder entfernen. Wenn sie nicht zu tief ist, kann man es mit Sandpapier versuchen. Es empfiehlt sich deshalb, die Motive vorher genau aufzuzeichnen.
Dazu bedarf es einiger Zeichengeräte, wie sie hier abgebildet sind. Die exakte Ausführung des Entwurfs ist genau so wichtig wie das Brennen.

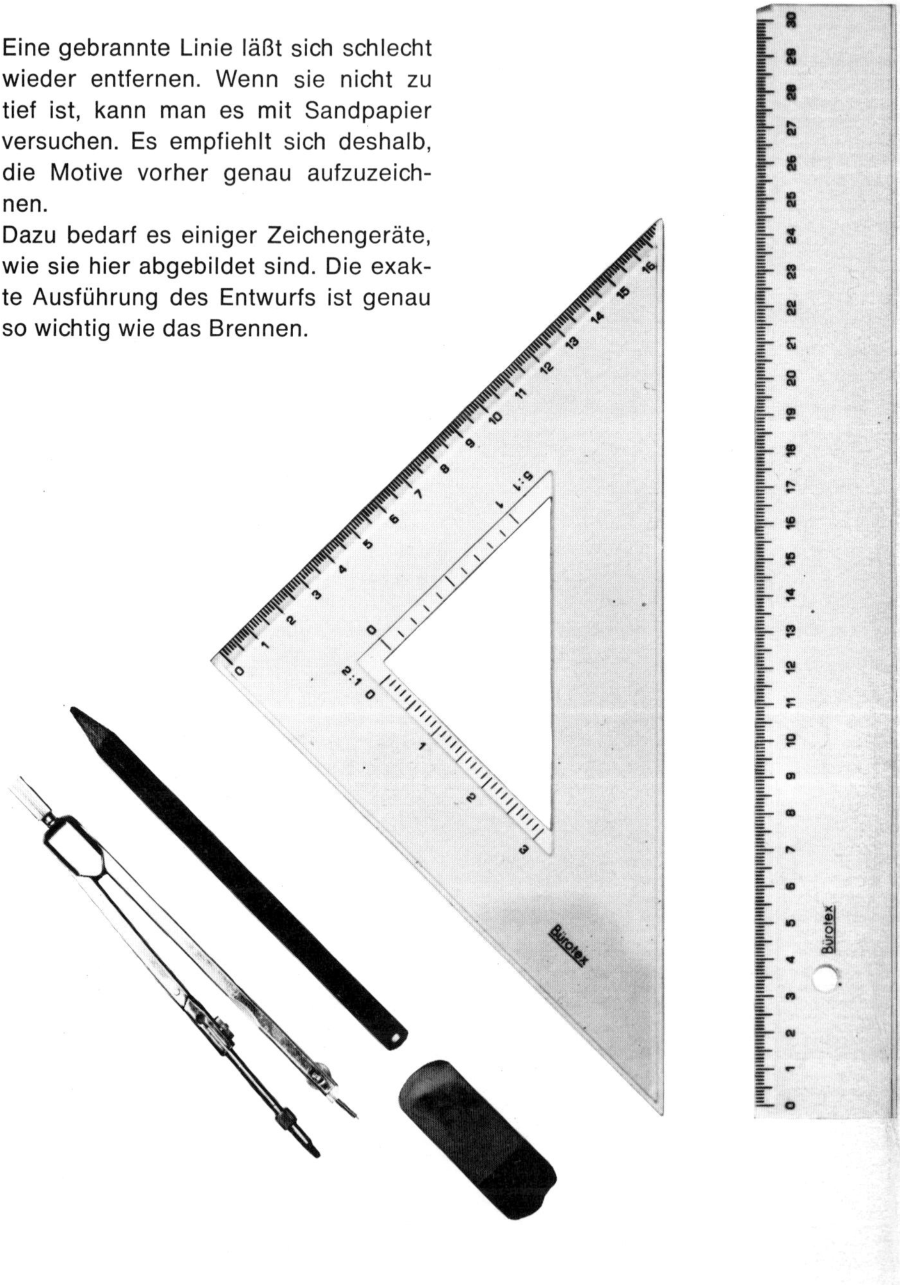

Welche Motive eignen sich?

Vor dem Brennen sollte man eine klare Vorstellung haben, welches Motiv man brennen möchte. Schmückt der Gegenstand einen modernen Raum oder ein rustikales Bauernzimmer? Ein Bauernteller mit einem Blumenmotiv würde z. B. ebensowenig in einen streng gestalteten, modernen Raum passen, wie ein einfaches geometrisches Ornament in ein Bauernzimmer. Die Farbtafel auf den Seiten 8 und 9 macht diesen Gegensatz deutlich.

Beginnen Sie mit einfachen, geometrischen Grundformen. Dafür eignen sich die Brennstempel mit den kleinen geometrischen Formen. Als Vorzeichnung genügt oft nur ein Kreis, ein Quadrat, ein Dreieck oder eine Linie.

Machen Sie bitte einen praktischen Versuch: Ziehen Sie mit dem Zirkel auf einer Holzscheibe einen Kreis, daran entlang brennen Sie runde Zeichen. Sie werden erstaunt sein, wie gut selbst dieses einfache Zeichen als Reihenornament wirkt. Mit dem ovalen Stempel können wir dieses Motiv erweitern: das ovale Zeichen wird über das runde versetzt eingebrannt.

Die verschiedenen Brennstifte bieten viele Gestaltungsmöglichkeiten. Die Abbildung zeigt eine kleine Auswahl. Betrachten Sie auf Seite 18 das Schmuckkästchen: mit diesen einfachen Mitteln lassen sich äußerst dekorative und originell wirkende Ziergegenstände schaffen.

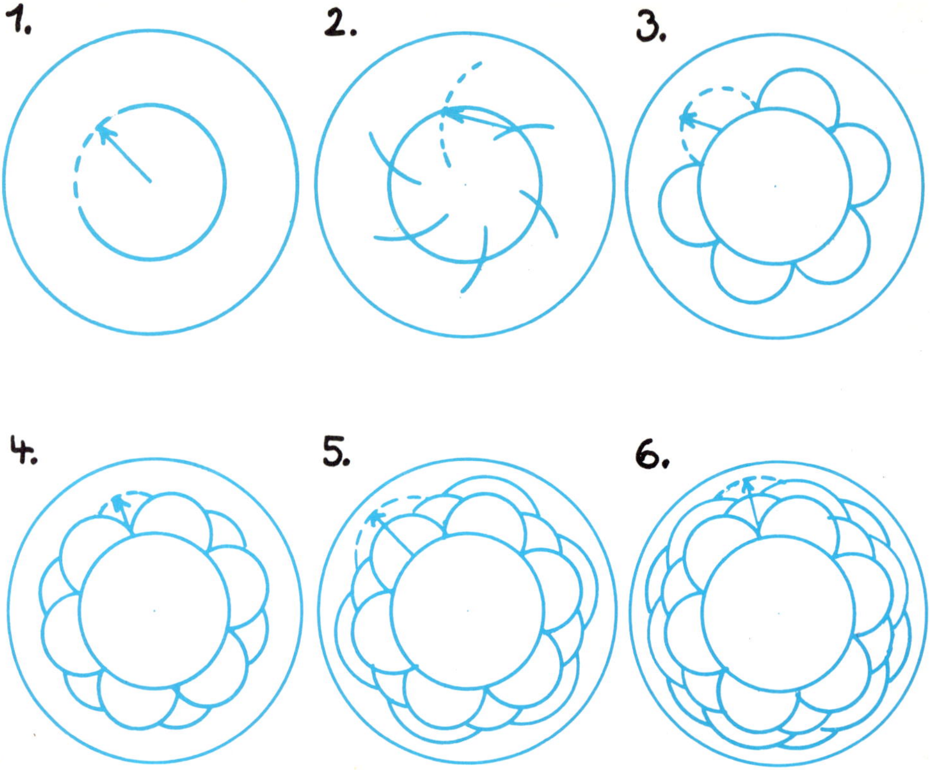

Wer einige Zeit mit diesen verschieden geformten Brennstiften gebrannt hat, wird bald den Wunsch haben, sich eigenschöpferisch zu betätigen. Dann werden diese Stifte mit den geometrischen Grundformen nur noch zur Verzierung des eigenen Entwurfs verwendet, zu dem man eigentlich nur die normalen Spitzen benötigt.

Am Anfang sollte man eigene Entwürfe mit geometrischen Grundformen aufbauen. Zur Übung eignen sich die beiden Wandtellermotive auf den Seiten 9 und 13. Richten Sie sich genau nach der Numerierung in den Zeichnungen und setzen Sie den Zirkel auf die eingezeichneten Einsatzpunkte. Die Linie mit Pfeil stellt den Zirkel dar, die unterbrochenen Linien den Zirkelausschlag.

Übertragen Sie diese beiden Motive nicht gleich zum Brennen auf Holz, sondern versuchen Sie, auch noch andere Motive nachzuzeichnen. Sie werden dann rasch und fast spielerisch eigene Motive finden. Erst der eigene Entwurf wird Ihnen den vollen Spaß an diesem Hobby bringen.

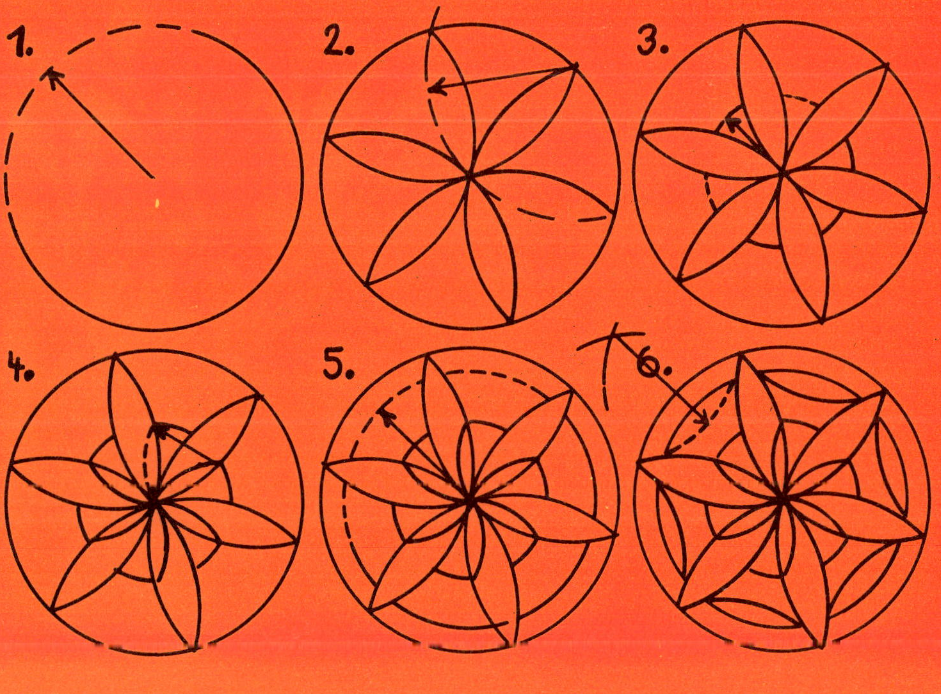
1.
2.
3.
4.
5.
6.

Die bei der Gestaltung und beim Brennen von geometrischen Motiven gewonnenen Grundkenntnisse verwerten wir bei den freien Motiven, die zur Jahrhundertwende Möbel, Küchengeräte, Wandteller usw. verziert haben.

Diese Motive haben viel Ähnlichkeit mit der im Augenblick so aktuellen Bauernmalerei. Auch hier wird von der Blumenornamentik ausgegangen: Rosen, Tulpen und Ranken lehnen sich größtenteils an geometrische Grundformen an. Hier sind Lineal, Winkel und Zirkel nicht mehr so wichtig; ausschlaggebend ist das eigene zeichnerische Talent.

Auf den nebenstehenden Skizzen sehen Sie den zeichnerischen Aufbau verschiedener Blumen, und der Entwurf auf Seite 15 zeigt, wie man mit einigen wenigen Blumen ein anspruchsvolles und reizvolles Blumenmotiv zusammenstellen kann.
Der zeichnerische Aufbau ist bei den auf Seite 16 gezeigten Blumen und Ornamenten derselbe.
Wenn Sie am Anfang mit dem freien Zeichnen noch Schwierigkeiten haben, können Sie auf die folgende Technik zurückgreifen.

Die Übertragung eines Motivs

Wenn Sie ein auf Papier gezeichnetes Motiv auf Holz zum Brennen übertragen wollen, legen Sie Transparentpapier darüber und zeichnen das Motiv durch. Dann wird das Transparentpapier umgedreht und mit einem weichen Bleistift eingestrichen. Nun legt man das Transparentpapier mit der eingestrichenen Seite auf das Holz, befestigt es mit Klebeband und fährt den Linien des Ornaments mit einem Bleistift nach. Wenn Sie nun das Papier abnehmen, haben Sie die Zeichnung auf dem Holz und können mit dem Brennen beginnen.
Diese Technik des Übertragens ist genau und zeitsparend, man kann auf diese Weise auch Ausschnitte von irgendwelchen Motiven in das eigene Motiv übernehmen.

Untersetzer

Das Ahornholz läßt hier die Brandmalerei besonders kontrastreich erscheinen. Gebrannt wurde mit der feinsten Spitze. Die Bemalung erfolgte mit Lasurfarben; bei der Farbkomposition wurde ein Hell-Dunkel-Kontrast angestrebt.
Anregungen für eigene Entwürfe finden Sie auf den Seiten 12 und 13. Der Größe Ihrer Arbeiten ist kaum eine Grenze gesetzt: nach einiger Übung können Sie mit solchen Motiven große Wandplatten oder ganze Tischplatten mit Brandmalerei verzieren.

Kerzenständer

Man braucht hier einen spitzen Brennstift und einen Stempel für die ovalen Muster. Auf den oberen Sockel zeichnet man Blätter und auf dem unteren zieht man Kreise. Gebrannt wird mit der Spitze des Brennstiftes. Dann nimmt man den Stift heraus und steckt ihn mit der Spitze in die Halterung, also verkehrt herum. Damit brennt man die Vollfläche. Zum Schluß werden die ovalen Zeichen gebrannt.

Schmuckkästchen

Dieses Schmuckkästchen ist besonders attraktiv, und dazu noch praktisch. Es wurde mit den Stempeln für ornamentale Verzierungen gebrannt. Für die Platzverteilung und die Hilfslinien wurde der Zirkel verwendet.

Holzfiguren

Wer wünscht sich nicht ein originelles Schachspiel! Die rohen Holzfiguren gibt es in Spielwaren-, Hobby- und Bastelgeschäften zu kaufen. Sie werden stolz sein, wenn Sie mit solchen selbstgebrannten Figuren zu einer Schachpartie einladen. Ähnlich gebrannte Figuren passen auch gut in eine Krippe.
Vorgefertigte Holzfiguren bieten eine Fülle dekorativer Gestaltungsmöglichkeiten.

Holzscheibe

Diese Holzscheibe kann als dekoratives Wandbrettchen eine moderne Küche schmücken oder als Untersetzer verwendet werden. Das geometrische Kreisornament in der Mitte wurde mit dem Zirkel vorgezeichnet und mit einem feinen Brennstift gebrannt. Die Ornamente am äußeren Rand sind mit dem Stifthalter gebrannt, in den sonst die Stifte eingesteckt werden. Die kleinen schwarzen Vollkreise, die den Rand vom inneren Kreismotiv trennen, werden mit dem Stift gebrannt: hier wird jedoch nicht mit der Spitze, sondern mit dem Schaft gebrannt. Den typischen Charakter einer Brandmalerei erhält diese Scheibe durch die vielen Punkte. Dazu verwenden wir einen Stift mit einer möglichst feinen Spitze.

Zigarrenkästchen

Sicher immer ein willkommenes Geschenk, leer oder gefüllt, denn es kann auch für andere Zwecke verwendet werden.
Das Motiv ist bereits vorgedruckt; man braucht nur noch mit einem feinen und einem kräftigen Brennstift zu brennen. Hier hat man immer noch die Möglichkeit, zusätzliche Motive zu entwerfen und anzubringen. In jedem Hobby- und Spielwarengeschäft gibt es vorgedruckte Holzgegenstände zu kaufen.

Fäßchen

Die Aufteilung der geometrischen Figuren erfolgt mit dem Zirkel. Zum Brennen wird auch hier ein feiner und ein kräftiger Stift verwendet. Ist nur eine Spitze vorhanden, muß die Linienstärke durch schnelleres und langsameres Führen des Brennstiftes variiert werden.

Farbe bringt einen neuen reizvollen Akzent in die Brandmalerei, auf den man nicht verzichten sollte. Viele gebrannte Gegenstände wirken durch farbiges Ausmalen des Hintergrundes reizvoller.
Bei der Brandmalerei ist die Farbe nicht Selbstzweck; sie ist nur Unterstützung, darf also nicht den Gesamteindruck beherrschen.
Nach Möglichkeit verwenden wir Lasurfarben (nicht mit Wasser zu verdünnen) durch die man die Holzstruktur hindurchsieht. Man kann auch Tempera- und Dispersionsfarben mit Wasser verdünnen und lasierend auftragen, wobei sich diese Farben auch ausgezeichnet für die deckende Malerei eignen.

Farbige Brandmalerei

Öl- und Lackfarben erfordern mehr Routine; sie sind für den Anfang weniger geeignet.
Deckfarben verwenden wir nur dann, wenn wir das Holz vollflächig mit einer kräftigen Farbe bemalen wollen. Auch bei Modeschmuck, der ja starke und glänzende Farben verträgt, malen wir mit deckenden Farben.
Vor der Bemalung wird das gebrannte Stück mit einem Seidenmattlack grundiert. Die Farben bleiben darauf besser stehen und verlieren nicht an Leuchtkraft.
In der Brandmalerei haben sich diese Farbtöne am besten bewährt:

Lasurfarben	Blau, Grün, Gelb, Rot
Deckfarben für Vollflächen	Weiß, Grün, Braun.

Besonders reizvoll auf kleinen Flächen: Schwarz und Goldbronze.
Gemalt wird mit einem Haarpinsel, bei Öl- und Lackfarben mit einem Borstenpinsel.
Zum Schluß überzieht man das fertige Stück mit einem Seidenmattlack, es ist dann weniger empfindlich gegen äußere Einflüsse, auch verblassen die Farben nicht.

Armreife

Dieser attraktive Modeschmuck läßt sich für wenig Geld selbst herstellen. Die Rohholzteile kann man in zwei Ausführungen kaufen: profiliert und glatt. Für unsere Zwecke eignen sich die glatten Armreife besser.
Der Holzrohling wird sauber geschliffen. Besonders an den Innenseiten müssen die Kanten rund und fein geschliffen werden, denn auch der schönste Armreif macht beim Tragen keinen Spaß, wenn er kratzt.
Für die hier gezeigten Motive wurden durchweg die Brennstempel mit den geometrischen Ornamenten verwendet. Zum Abmessen und Aufteilen der Ornamente auf dem Armreif nimmt man das Maßband. Gemalt wird mit einem Rotmarderpinsel Nr. 2.
Auch hier gilt: das wichtigste ist die Brandmalerei, die nicht durch Farben übertönt werden soll. Bei der Gestaltung sollte man Mut zu blanken Holzflächen haben, damit dieser schöne Rohstoff voll zur Geltung kommt. Zum Schluß wird wieder mit Seidenmattlack überstrichen.

Serviettenringe

Sie werden genauso wie die Armreifen gebrannt. Bei der Bemalung sollte man daran denken, daß sie farblich zusammenpassen. Für die Tischdekoration eignen sich eher dezente Farben.

Kerzenständer

Hier wurde ein schlichtes und einfaches Motiv gewählt, zusammengesetzt aus Kreis, Oval und Punkt. Die dunklen Flächen sind bemalt.

Wandteller und Spanschachtel

Auf den Seiten 12/13 wird gezeigt, wie das Motiv des Wandtellers gezeichnet wird. In derselben Art wird auch die Verzierung der Spanschachtel entworfen. Gebrannt wird mit den einfachen Brennstiften, wie sie zur Standardausrüstung eines jeden Brenngerätes gehören.

Diese Bilder demonstrieren überzeugend den reizvollen Effekt einer farbig unterlegten Brandmalerei. Viele Holzgegenstände lassen sich auf diese Weise mit eigenen Entwürfen originell dekorieren.

Holzschuhgesteck

Gebrannt wird mit den Brennstiften mit den einfachen Mustern Oval, Kreis und Punkt. Mit Zirkel und Lineal werden die Motive aufgeteilt. Die Flächen des Schuhs können voll bemalt werden – nur die gebrannten Motive bleiben frei. Diese Holzschuhe sind ein dekorativer Wandschmuck.

Holzschuhmobile

Dieses Mobile soll als Anregung dienen, denn es gibt eine Fülle von Rohholzteilen, die sich für ein bewegliches Windspiel eignen. Gebrannt wurde hier mit dem spitzen Brennstift. Da hier noch zusätzlich mit bunten Blumen dekoriert wird, kann man auf das Bemalen verzichten.

Schmuckkästchen

Kann als Rohholzteil mit bereits aufgedrucktem Motiv gekauft werden. Eine Änderung oder Erweiterung des Motivs ist möglich; z. B. wurden auf der gezeigten Arbeit die Randmotive zusätzlich eingebrannt. Für das Kästchen wurde der feine und der kräftige Brennstift verwendet.

Brandmalerei auf Möbel

Die dekorative Kraft der Brandmalerei erreicht bei der Verzierung von Möbeln ihren Höhepunkt. Der außergewöhnliche Effekt der Brennspur wird in seiner Wirkung noch erhöht durch die Maserung des Holzes, durch das Ausmalen von Flächen und Leisten. Die hier gezeigten, mit malerischen Motiven gebrannten Möbel: Schrank, Tisch, Truhe, Wandschränkchen, sollen zu eigenem Schaffen anregen.

Auf manchem Dachboden stehen längst vergessene alte Möbel, die bemalt oder mit Motiven gebrannt werden können. Vielleicht findet man ein wertvolles Stück, das noch mit Holzdübeln verarbeitet wurde und individuell gearbeitete Zierleisten aufweist.

Zuerst muß die alte Farbe weg . . .

Fast alle alten Möbel sind braun gestrichen, maseriert oder mit dem Kamm bearbeitet. Sie müssen deshalb zuerst abgelaugt werden. Wegen der nicht ganz ungiftigen Dämpfe und dem dabei entstehenden Schmutz sollte man dies im Freien tun.
Das Abbeizmittel wird mit einem alten Pinsel satt auf die Oberfläche aufgetragen. Nach etwa 10 Minuten läßt sich dann die Farbe mit einer Spachtel abheben. Liegen mehrere Farbschichten aufeinander, lassen wir das Abbeizmittel so lange einwirken, bis die Farbe quillt und reißt. Etwaige Farbreste werden noch einmal mit dem Abbeizmittel bestrichen bis sie sich lösen, danach mit Wurzelbürste und Wasser säubern. Zum Schluß wird das ganze Möbel mit klarem Wasser abgewaschen und mit einem Lappen trocken gerieben.
Abbeizmittel gibt es in jeder Farbenhandlung. Zum Aufhellen des alten Holzes verwendet man 30%igen Wasserstoff, in der Apotheke erhältlich.
Beide Mittel sind ätzend! Beim Arbeiten unbedingt Gummihandschuhe tragen. Kinder dabei fernhalten!

Wenn Holzwürmer nagen . . .

Kleine runde Löcher in der Holzoberfläche lassen auf Holzwürmer schließen. Häuft sich ringsum auch noch heller Holzstaub, heißt dies, daß diese Schädlinge noch tätig sind. Abhilfe schaft Xylamon. Sind es nur wenige Löcher, genügt das direkte Einspritzen in die Löcher mit einer Spritze, die es ebenfalls in dem Farbenfachgeschäft gibt. Ist der Befall größer, behandelt man am besten die ganzen Flächen. Xylamon ist nicht geruchfrei; es in bewohnten Räumen anzuwenden, ist nicht ratsam.

Holzschäden sind nicht selten

Nach dem Ablaugen zeigt es sich oft, daß Holz abgesplittert ist und ersetzt werden muß. Bei Bauernmöbeln, bei denen solche Stellen anschließend mit Farbe übermalt werden, genügt Holz- oder Ölkitt. Soll aber gebrannt werden, müssen Holzsplitter und Holzteile sauber eingesetzt werden. Dabei sollte man dieselbe Holzart verwenden, damit reparierte Stellen nicht auffallen; sie beeinträchtigen sonst den Gesamteindruck.

Vor dem Brennen glattschleifen

Abbeizmittel und Wasser führen dazu, daß das Holz aufquillt und rauh wird. Bevor man nun den Brennstift ansetzt, muß die Oberfläche des Holzes gründlich geschliffen werden. Dazu nimmt man Glaspapier Körnung 80, für die Nachbehandlung Körnung 120. Den „letzten Schliff" erreicht man mit Stahlwolle.

Die Gestaltung gründlich überlegen . . .

Das Möbelstück darf nicht überladen sein, zudem wirken Blumen und Ornamente unruhig, wenn sie zu gedrängt auf einer Fläche angeordnet sind.
Voraussetzung für das gute Gelingen ist ein exakter Entwurf, der auf das Möbelstück kopiert wird. Erst wenn alles fertig gebrannt ist, beginnt man mit dem Ausmalen. Wer Motive nicht selbst entwerfen kann, übernehme zunächst die vom Wandschränkchen.
Ein großes Stück sollte erst in Angriff genommen werden, wenn man über eine gewisse Routine verfügt. Suchen Sie weitere Motive, helfen Ihnen die „Vorlagen für Brandmalerei" von R. Lumm, die in jedem Spielwaren- und Hobbygeschäft erhältlich sind.

Wandschränkchen

Es ist neu, aus Massivholz, etwa 70 x 45 x 20 cm groß, in jedem guten Spielwarengeschäft erhältlich und eignet sich vorzüglich für den ersten Versuch, größere Gegenstände mit Brandmalerei zu verzieren. Die Motive finden Sie in Originalgröße auf den Seiten 32, 34 und 35. Wenn Sie keine eigenen Motive zur Hand haben, brauchen Sie nur zu kopieren.

1
2
3

5

4

Ein Vorschlag für die Arbeitsfolge beim Übertragen der Motive auf das Schränkchen:

Fertigen Sie zuerst eine genaue, maßstabgerechte Zeichnung der Schranktüre auf Transparentpapier an. Sie können jetzt die Motive in der Anordnung pausen, wie sie Ihrem Geschmack entspricht. Alle Änderungen und Umstellungen sollten auf der Zeichnung gemacht werden, nicht auf dem Holz.

Von dem Eckmotiv über der Türfüllung ist auf den Vorlagen nur eine Hälfte gezeichnet. Pausen Sie zunächst die linke Seite auf ein Transparentpapier (40 x 40 cm). Dann falzen Sie genau in der Mitte der Blume Nr. 5 und zeichnen die andere Seite des Motivs durch. Nach dem Auseinanderfalten haben Sie den Entwurf für die obere Hälfte des Türrahmens vor sich — die untere Hälfte ist das Spiegelbild dazu.

Bei der Türfüllung wird zuerst in jede Ecke die Nr. 2 (Blume mit zwei Blättern) gezeichnet. Nr. 3 (kleine Ranke) wird nur beim Motiv auf dem Aufsatz verwendet. Nr. 4 (Blume) wird genau auf die Mitte der Füllung übertragen. Die kleinen Kreise zwischen den Blütenblättern werden nur bei der Blume auf den Seitenteilen der Konsole verwendet, bei der Türfüllung würden sie stören. Das Ornament mit den Blättern (Seite 35) wird jeweils auf den unteren Teil der Seitenwände übertragen. Darüber kopiert man Nr. 1 und Nr. 2 (Blume).

Motiv des Aufsatzes: Nr. 2 (Blätter) und Nr. 3 (Ranken) kopiert man in die Mitte des Aufsatzes. Die Übertragung auf das Holz erfolgt so, wie auf Seite 15 bereits beschrieben. Das äußere Motiv wird nach der Abbildung frei gezeichnet.

Schrank

Dieser Schrank stammt aus dem Jahr 1898. Die alte braune Maserierung wurde abgelaugt und nach entsprechender Holzbehandlung mit Brandmalerei verziert. Die Profilleisten wurden mit Kaseinfarben bemalt, sie tragen wesentlich zu dem harmonischen Gesamteindruck bei. Gebrannt wurde mit den einfachen Standardspitzen.

Truhe

Diese Truhe ist ein kleines Meisterwerk. Sie ist zwischen 30 und 50 Jahre alt. Da sie lediglich mit schwarzer Ölfarbe angestrichen war, konnte sie auf dem Flohmarkt für knapp 50,- DM erworben werden. Die Bilder zeigen, was aus dieser Truhe geworden ist. Das Renaissance-Motiv mit den beiden Blumen an der Vorderseite und dem Löwenkopf an der Stirnseite, eingefaßt von üppigen Ranken, die dem damaligen Stil entsprechen, machen diese Truhe äußerst dekorativ. Die Hintermalung erfolgte mit einem zarten Rot, für die Außenkonturen des Motivs wurde braun gewählt.

(Farbfoto übernächste Seite)

Tisch

Dieser Tisch wurde um die Jahrhundertwende hergestellt. Man kann ihn in zwei Teile zerlegen. Die Tischplatte ist aus Fichtenholz, der Fuß mit einem massiven Holzgewinde aus Eschenholz. Auch hier wurden die Motive mit den Standardspitzen gebrannt. Die Ränder der Tischplatte sind mit grüner Farbe abgesetzt. Ornamente und Blumen entsprechen dem Stil der Verzierung des Schrankes.

Brennen auf Leder

Bevor Sie den Versuch machen, sollten Sie die Handhabung des Brennapparates beherrschen und einige Arbeiten in Holz gebrannt haben. Leder ist weicher als Holz. Der Brennstift dringt bei jedem unvorsichtigen Druck sofort tief in die Oberfläche ein und macht das Leder unbrauchbar.
Üben Sie zunächst auf Lederresten. Es ist ratsam, nur eine einzige Ledersorte zu verwenden, und zwar sehr helles, kräftiges Rindsleder.
Zum Brennen eignen sich besonders die Brennstempel mit den geometrischen Motiven. Die feinen Spitzen dagegen erfordern viel Routine, denn sie rutschen schnell ab und verderben daher das Leder.
Nach dem Brennen kann das Leder bemalt oder etwas dunkler gefärbt werden. Auf alle Fälle muß zum Schluß immer ein Lederlack mit einem Lappen aufgetragen werden, damit das Leder geschmeidig wird und nicht bricht.

In Spielwaren-, Hobby- und Bastelgeschäften finden Sie eine große Auswahl Rohlinge und Bastelpackungen (z. B. den abgebildeten Fotorahmen). Auch Reste werden dort billig angeboten.
Zum Übertragen des Motivs wird das Leder etwas angefeuchtet, die Pause darüber gelegt und mit einem Stift die Linien nachgefahren. Der Eindruck ist auf der Oberfläche des Leders deutlich sichtbar.

Brieftasche oder Schreibmappe

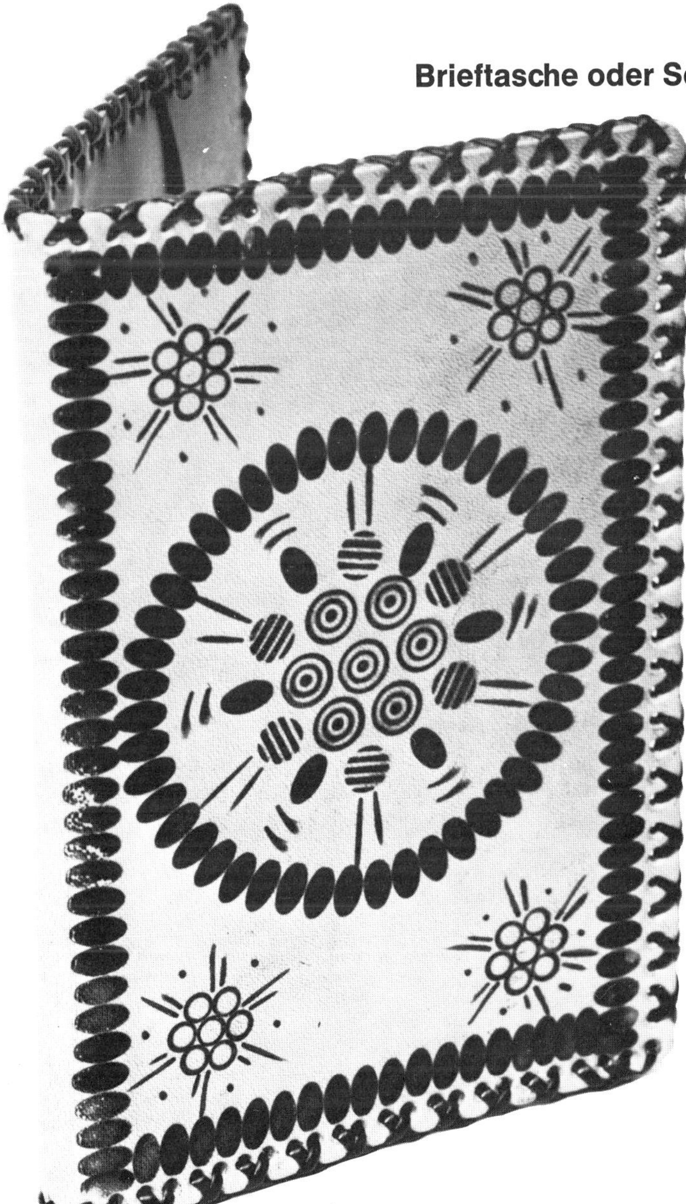

Ein immer praktisches und beliebtes Geschenk, besonders wenn es sich wie hier um einen individuellen Entwurf handelt. Gebrannt werden kann mit allen verfügbaren Brennstiften, je nach Motiv und Größe der Mappe. Auch hier wird zum Schluß Lederlack aufgetragen, besonders bei der Brieftasche, die viel strapaziert wird.

Untersetzer

Diese runden Lederscheiben sind sehr preisgünstig und ergeben gebrannt hübsche und dekorative Untersetzer. Bei jedem Gast werden die individuell gebrannten Untersetzer Bewunderung finden. Mit Anilinfarben kann man das gebrannte Motiv etwas dunkler färben.

Dudelsackspieler

Der Dudelsackbläser, nach einer Zeichnung von Albrecht Dürer auf Leder übertragen, geschnitten, gefärbt und gebrannt, ist ein dekoratives Wandbild im Format 40 x 60 cm.
So entstand dieses Bild: Aufpausen der Zeichnung auf Blankleder. Anfeuchten des Leders. Mit einem Kerbschnittmesser die Zeichnung ins Leder schneiden. Äußere Schnittkante nach unten drücken, sodaß nur die innere Schnittkante hochsteht. Färben mit einer transparenten Anilin-Lederfarbe, die dem Bild einen Antikeffekt verleiht.
Brennen der Zeichnung im Schnitt.
Durch Schneiden und Brennen werden zwei Effekte erzielt: der Schnitt gibt eine scharfe, plastische Kontur, während das Brennen die Schwärze ergibt.
Man sollte diese Technik an einfachen Motiven ausprobieren. Das Nachzeichnen des Dudelsackbläsers erfordert ein hohes Maß an zeichnerischem Können.

1514
AD

Leder-Gürtel

Dieser Gürtel wurde mit dem ovalen und runden Brennstift gebrannt. Dabei wurden beide Enden des Einsatzes verwendet. Die Aufteilung der Ornamente erfolgt mit Lineal und Zirkel. Nach dem Brennen wurde der Gürtel mit Anilinfarbe (Lederfarbe) gefärbt und mit Lederlack überzogen.

Halskette aus Leder ►

Zuerst werden die quadratischen Lederteile mit den Brennstiften Kreis und Punkt gebrannt. Bevor jeweils zwei Teile mit Pattex aufeinandergeklebt werden, wird ein fester Faden dazwischengelegt, in den auch die Perlen eingefädelt werden. Das Foto zeigt deutlich, wie man es machen muß. Zum Schluß wird die Halskette mit Lederlack überzogen.

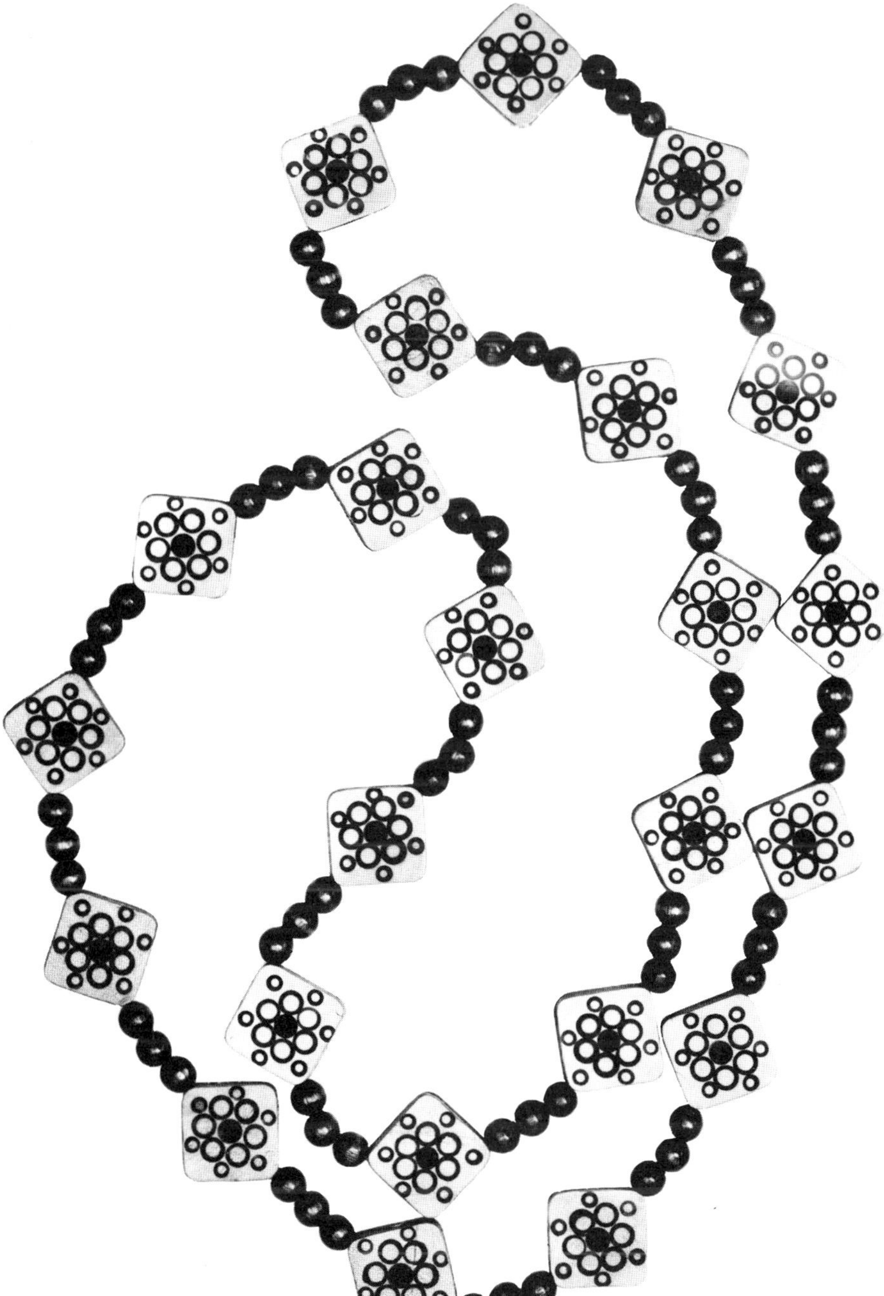

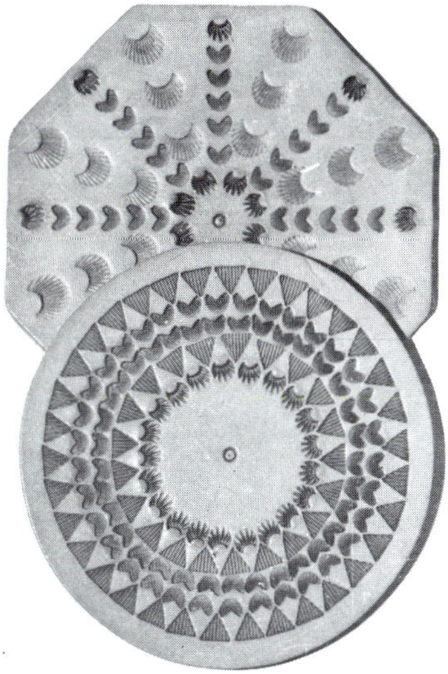

Leder punzieren

Ein Hobby auf Lebenszeit.
Es ist nützlich und macht Spaß!

Werkzeuge, Spezial-Blankleder und viele komplette Bastelsätze für Punzier- und Brenntechnik

Lieferer-Nachweis durch:

KROMWELL-PELART GMBH NÜRNBERG 1 POSTFACH 1529

BRENN - PETER II

Komplette Garnitur mit Brennstift und 5 Brennspitzen, sowie einer russischen Figur.

Dazu gibt es die Ergänzungs-Brennstempelsätze:
»Plus« und »Super« mit fertigen Dekors

LÖTRING - HOBBYRING
1 Berlin 12, Kantstraße 115

In der Schweiz: Fa. Rumpe, Lostorf